거울은 먼저 웃지 않는다

강지원 시인의 두 번째 시집
거울은 먼저 웃지 않는다

초판 1쇄 인쇄	2024년 07월 10일
초판 1쇄 발행	2024년 07월 25일
신고번호	제313-2010-376호
등록번호	105-91-58839
지은이	강지원
발행처	보민출판사
발행인	김국환
기획	김선희
편집	조예슬
디자인	다인디자인
주소	경기도 파주시 해올로 11, 우미린더퍼스트@ 상가 2동 109호
전화	070-8615-7449
사이트	www.bominbook.com
ISBN	979-11-6957-198-2 03810

- 가격은 뒤표지에 있으며, 파본은 구입하신 서점에서 교환해드립니다.
- 이 책은 저작권법에 의하여 보호를 받는 저작물이므로 무단 전재와 복사를 금합니다.

강지원 시인의 두 번째 시집

거울은 먼저 웃지 않는다

멋쩍어 셀프로 먼저 입꼬리 올려주니 그제야 웃는다
반사되는 거울보다 가을보다 먼저 웃자

시인의 말

. . .

"패션은 잠깐이지만 스타일은 영원하다"
어딘가에서 들은 적 있다
스타일이란
나만의 자세 건강 생각이 담긴 것
사랑하고 있을 때
건강한 열정으로 멋지게 살고 있을 때
자연스럽게 뿜어 나오는 외모
젊음도 노화도 입력하다 보면
자가발전이 되는
2, 3년 전 핸드폰 속 사진은 다르다
사진첩은 자연스럽다, 정직하다
건강한 스타일 유지하길 바랄 뿐
맑은 물 생수병에 손이 간다

가끔씩 하늘에서 내려주는 싸락눈
시 쓰기 좋은 시간 고맙다
"모든 걸 다 사랑하면 시詩다"는
교수님 목소리 귓전에 맴돈다

2024년 7월
시인 강지원

목차

시인의 말 … 5

제1부
•
**거울은
먼저
웃지
않는다**

눈치 … 14
거미줄 … 15
알라딘 하늘 … 16
농담 … 17
스마트폰 … 18
거울은 먼저 웃지 않는다 … 20
분리수거 … 21
저수지 … 22
버리다, 비우다 … 24
잠을 위한 기도 … 26
고독과 위안 … 28
빗방울 … 30
끝은 흐리게 … 31
9등신 … 32
집밥 … 34
가을이 아프다 … 36
천개의 바람이 되어 … 38
호흡 그립다 … 40

제2부

시간을 둘러보는 둘레길

도담도담 ... 42
바람길 ... 44
쓰담쓰담 ... 45
속마음 ... 46
거울 속의 나 ... 48
마중물 ... 50
스트레칭 ... 52
시계는 고장난다 ... 54
무단침입 ... 56
6월의 새벽 ... 57
수평선 ... 58
빗소리는 물음표 ... 59
홀인원 ... 60
애피타이저 Appetizer ... 62
구름 ... 63
멍한 마음 ... 64
겨울비 ... 65
박수 ... 66
갠지스강의 염원 ... 68
세상의 계절 ... 70
어떤 날은 시詩 같은 날 ... 71
시간을 둘러보는 둘레길 ... 72
할아버지가 생각났습니다 ... 74
모퉁이 길을 지키는 ... 76
참 멍청이 ... 78

제3부

어느 지구에서 왔니

바람 타고 떠난다 ... 80
굴참나무 안부 ... 81
기침 ... 82
가을아 ... 84
햇살 ... 85
베베캠 ... 86
우산 속은 멜랑꼬리Melancholy ... 88
소낙비 ... 89
미안해 ... 90
어떤 시詩 ... 91
하늘 ... 92
가을앓이 ... 93
환기 ... 94
새벽녘 눈 ... 95
짤즈캄머굿 ... 96
비가 속삭이다 ... 98
5월의 꽃 ... 99
끌어올려 ... 100
현서 100일 ... 102
캡슐 한 알 ... 104
산책길 ... 106
전통이라는 따스함 ... 108
동행 ... 110
기쁘고 고맙다 ... 112
감기앓이 ... 114
눈꽃 날린다 ... 115
엔돌핀 ... 116
어느 지구에서 왔니 ... 117
성장통 ... 118
비트 타는 하루 ... 120
마스크 벗는 날 ... 121

제4부

하늘이 마술사

시간의 기적 ... 124
보라 향기 ... 125
나그네 ... 126
머리가 뜨겁다 ... 127
봄비가 살랑거린다 ... 128
착각 ... 129
숨 ... 130
시간이 아프다 ... 131
선물 ... 132
노랑 파도 ... 134
그냥 좋은 하루 ... 135
평행선 ... 136
바람을 걸친다 ... 138
뭉게구름 ... 140
가을 소식 ... 141
AI 라운딩 ... 142
방구석 여행 ... 144
맨날 술이야 ... 146
뇌를 움직이게 한다 ... 148
틈 ... 150
하늘이 마술사 ... 152

시평 ... 154

제1부

거울은 먼저 웃지 않는다

가을을 높고 맑은 곳으로 떠올린다
그래, 가을에는 우리 한번 힘껏 뽐내보자!

눈치

눈물은
나의 감정이 닿아 그때그때 비를 내린다
기쁠 때 슬플 때 신호를 보낸다
속앓이 끙끙거리다 보면
늘 한 박자 늦은…
요즘 알고리즘으로 정보들의 홍수이다
미리 알고 있는
눈치의 레시피, 정보를 찾다 보면
문득 스치고 지나가는 스님의 법문
"범부중생"
어리석은 생각 준비 덜 된 마음도 모르고
그냥 빨리빨리만 생각하게 한다
아! 물방울 한 방 맞은 법문 한 자락
법당으로 발걸음 옮긴다

거미줄

머릿속에는 거미줄이 많다

거미줄이 서서히 사라지면 마음이 고요해질까

마음이 하늘 되면 산책하듯 잠을 잘 수 있을까

생각 지우기
그냥 멍때리기

알라딘 하늘

창문 속에는 액자가 걸려 있다
구름이 잔뜩 멋을 부린다
마치 알라딘 램프 속에서 나온 연기처럼
램프 속 연기는 여러 가지로 변신한 모습을 뽐낸다
하늘은 구름에게 밀려가면서도
신기해하며 파랗게 웃는다
가을을 높고 맑은 곳으로 떠올린다
그래, 가을에는 우리 한번 힘껏 뽐내보자!

농담

나는 나에게 농담을 해보지 않았다
남들과 대화하다 보면
분위기 따라 리액션 농담으로 함박꽃 핀다
나는 '나에게 어떻게 이렇게
관대해주었지?' 물어본다
마음의 목소리 마음의 소나기로부터
벗어나려고 했을 뿐
나는 나에게 정작 농담을 해준 기억이 없다
이제 나는 나에게 농담하는
맛깔스런 분위기 맛을 알 것 같다
설탕과 소금을 더하기 빼기를 해도 편안한 시간
'강지원, 너 왜 이렇게 사니'
함박꽃 웃는다

스마트폰

혼자서도 잘 논다, 스마트폰으로
예약도
주문도
결제도 한다
Covid-19 덕분으로

쿠팡과 잘 논다, 와우회원 설치

장바구니 담아놓은 물건
할인되는 날 AI가 연락
똑똑한 녀석
때론, 반품도 쉽다

명치 끝자락에 더러 반품할 것이 있다
고민고민하던 차

스마트폰으로 헤엄을 친다
구불구불한 좁은 길이라
(없는 길인가?)
길찾기 앱 설치?
네이버에게 물어보자

디지털 서비스가 편리하다지만
마음의 소리도 듣고
얼굴도 보며 목소리도 듣고 싶다
침묵만 하는 AI 문자
배터리가 방전되면 혼자서도 놀 수 없다
아참, 내 머리의 배터리는 어디에 있지

거울은 먼저 웃지 않는다

여행은 도착지까지 비행기 타면서 설렌다
수다로 손잡고 웃음보따리 챙겨 떠난다
멤버들 수다 웃음보따리
희미해져 가는 연락처 안부전화 가끔씩 웃음꽃

내려온 앞머리 쓸어 올리다 맞닿은 거울 앞
무심코 반사되는 옆모습은 마네킹
멋쩍어 셀프로 먼저 입꼬리 올려주니 그제야 웃는다
반사되는 거울보다 가을보다 먼저 웃자

분리수거

국화꽃 만발한 법당 앞마당
스님의 우렁찬 마이크 너머 들려오는 법문 중
환생에서 멈춘다 나뭇가지 위 새소리만 들린다
재활용 분리수거 다름이 아니든가
불러도 대답 없어 알 수 없다
무엇으로 태어날지 모르지만
탯줄보다 강한 반복의 연속
새롭게 태어나는 재활용품 분리수거한다
어떤 인연으로 환생할지 모르지만
지구에게 잘 태어나길 바랄 뿐이다
삐뚤빼뚤한 것들 모두모두 재활용된다
동글동글 반짝반짝한 것도

저수지

지구변화 기온변화 이상기후가 가져온 집중호우
저수지 댐은 물 담기 바쁘다
물은 넘쳐서 방류까지
방심한 것도 아닌데

저수지에 담겨져 있는 공동체 생활
물살의 위협과 공생하는 생태계
사람들 발걸음 각각의 사연들
물살에 견디고 상생하며 안고 사는 시간들

과학의 진화로 만든 AI
지구가 3도만 높아도 이상기후를 만든다고
얼음도 더 찾고 에어컨도 손이 더 가고
변덕스럽게 사는 습관은 AI도 감당이 안 되는

자연재해 무섭고 무심하다

흘러만 가는 물

강가 떠 있는 연꽃

버리다, 비우다

23년 만에 이사를 했다

스몰 리빙… 비우기로 했다

이사를 해보니

책장 여섯에서 한 개만 정하고 다 버렸다

책 담을 공간이 없다

또 버렸다

나의 옷들 놀란다

접어서 보관한 옷들 걸어서 보관하라 한다

식구들의 잔소리 스스로 회피한다

또 버렸다

가구도 버렸더니

어머니의 숨소리 바늘의 땀…

명주이불 하나만 남겨놓은 숨소리를 버린다

언제 솜 트냐며 추억만으로 하기로

또 버렸다

이사 후 오미크론 코로나가 나에게 왔다

후유증으로 정리가 안 된다

의뢰한 정리 컨설팅

타인의 손끝에서 손끝으로

미련 없이 쓰레기봉투 속으로 간다, 추억까지

비우고 줄이고 치우고 할 것을 이사가 다 해주었다

시간과 공간을 비우니 숨소리도 가볍다

잠을 위한 기도

눈꺼풀이 무겁다

쌍꺼풀 여러 겹의 무게감

눈은 떠지지 않은 채

몸은 이미 깨어 있다

동트는 해 하루를 시작한다

새롭게 변해버린 수면의 수평선

패턴을 바꾸려고 바다를 생각한다

습관이 바뀌기는 쉽지 않다

나도 모르게 귀동냥하는 뉴스들

자기 전 별들에게 친한 척해본다

수면도 수평선도 산책하듯

사푼이 잠들고

사푼이 일어나기를

눈꺼풀에 걸린 해가

조용히 나를 깨우기를

고독과 위안

눈으로
손짓으로
발짓으로 말한다
마음이 말한다
고독이 말한다

돌멩이가 차츰차츰 부셔져 간다
네모 세모 작은 알갱이로 부셔져 간다
돌멩이들의 아우성 망치 소리
쿵쿵 쾅쾅
가루가 되기까지

밤이 온다
먼지가 된다
어둠이 된다

어둠은 따스한 스웨터
스웨터 속에 꿈은 가볍다

빗방울

내리는 빗방울 타고
젖어드는 동그라미
봄비 마중

만발한 매화꽃
두 팔 벌려 가슴으로 보듬은 분신
바람 타고 파르르 파르르 휘날리더니
봄비는
눈물로
머물렀던 흔적 지운다
속옷도 지운다
빗방울에게 흘려보낸다
위안 주고 가는 바람에게 전한다
또 와
비

끝은 흐리게

손에 잡힐 듯하다 지나간다
괜찮아, 말이 나올 듯한데
그 정도야 뭐
다른 생각으로 다른 판단으로 힘이 빠진다
만남은 안개처럼 몽글몽글
하늘에 떠 있는 캔버스의 그림들
고개 젖히고 물감 풀어 색칠하자
순간순간 무지개를 만들자
그러나 끝은 흐리게
인생은 안개가 절반이니까

9등신

하늘은 맑았다 흐렸다 게임한다

가끔씩 진눈깨비로 변한다

눈을 뿌린다

펑펑 하늘이 내려온다

앞서간 생각은 말한다

눈이 내리면 운전도 길도 미끄러울 텐데

스쳐가는 생각이

현재의 나의 감정과 함께 잡은 손, 이제는 안다

미리 걱정한다고 다 이루어지진 않았다

그래도 준비해 놓으면 든든하다

지나가는 수다로 미스코리아는 8등신이고

주절주절 사건들을 얘기한 먼 시간들이 말한다

(할 만하니 배려했겠지

할 만하니 행동했겠지라고 한 말들, 쥐구멍 찾는다)

단절되어 가는 공간 속에서 꿈틀거린다
서로 연락하고 차를 마시고 생각들도 나누고
함께한 지인들이 더러 보이고 안 보이고
시간은 다시 보이기 시작한다
새롭게 보여지는 것은
참, 소중하다
단감도 맛나고 홍시는 더 맛나다
새 마음은 9등신

집밥

주 5일 근무

휴일이 더해져 외출과 휴식을 더했다

Covid-19

4단계 거리두기 시간제한 외출이 줄었다

동지 이후 땅거미도 빨리 내려온다

발걸음도 총총 집으로 부른다

날마다 집밥의 루틴이 스며들었다

일주일 중 집밥이 대부분

배달도 외식도 싫증이 난다

배달 후 쓰레기는 함께 배달 왔다

포장으로 와서 부피만큼 분리수거

Covid-19 이후

집밥 루틴에 집 안주인은 서서히 지쳐간다

지난 시절 어머니께서는 육남매를 열심히 키우셨지

(나도 여섯 중 하나)

"그들을 위해서 고생한 사랑이 행복이었다"
김형석 교수님의 글이
굵은 눈발로 눈두덩을 때린다

가을이 아프다

밤새 가을이 울었다
새벽 진눈깨비 찬바람 친다
움츠린 어깨 체감온도 말한다
다음 순간
훅 겨울이 들이닥친다
일기예보가 따뜻한 털옷 걸치고 출근하란다
겨울비 우산을 부른다
겨울비와 함께
감기인지 코로나인지 우리 집에 들어올까 무섭다

밤새 창문 앞 방황한다
낙엽이 바람 따라 뒹굴뒹굴
비바람이 낚여 채 바닥에 눕힌다
출근길 발자국에 밟혀 낑낑댄다
가을이 아프다

기웃거리기만 했던 오색 단풍들이

눈물 바람에 떨어진다

지금은 꿈과 희망과 이파리를 구름으로 날려 보낼 때

천개의 바람이 되어

카메라를 좋아하는 언니
셔터 소리는 파노라마다
나팔 같은 렌즈, 꽃을 피우고 꽃을 지게 한다
포복하듯 엎드리고 순간 순간 마술 부린다
늘 언니의 가슴은 호기심 천국
빠르게 걷기를 좋아했다
시간의 아쉬움을 미리 알았을까
곰살맞은 구수한 사투리 육두문자 섞인 글솜씨가
일품이었다
어쩜 그렇게 표현해도 맛이 나던지
생각이 더 난다
공원을 걷다가
쌓여 있는 낙엽, 나무둥지 쳐다보다
따라간 시선은 하늘에서 멈추었다
문득 하늘나라에 있는 언니가 생각난다

내가 볼 수 없는 별자리에서 천개의 바람이 되어*

못다 이룬 꿈과 시를 많이 만들고 있겠지

아직 보내지 못한 마음이 남아

잊고 있었던 자리는 함께한 따스한 품이 스쳐간다

곰살맞은 언어 찾으러

빠른 걸음으로 다니는 셔터 소리

언니!

가을이 지나가고

겨울이 오려고 해

---

*천개의 바람이 되어 : 故 박위순 님의 "어머니는 천개의 바람이다" 책
 중에서

호흡 그립다

허리는 바르게
두 눈은 지그시
숨이 들이킬 땐 살짝
숨이 나올 땐 더 사알살
느낌조차 모르게
체리 향기가 코끝으로 들어오리니

Covid-19
마스크 안에 숨을 가둔다
답답하다
높고 맑은 하늘 그립다
언제쯤 큰 숨 한 번 쉴까
큰 숨 마중 가려면
어디로 가야 하나?

제2부

시간을 둘러보는 둘레길

90세, 바람 소리도 뼈 마디마디 곡소리 난다
관절들 파스로 도배한다

도담도담

울 손녀 현서, 첫돌이 지났다
걸음마를 시작하였다, 한 걸음 두 걸음
또 일주일 뒤에는
다섯 걸음 여섯 걸음
몸살이 났다
이마에 해열제 패치 붙인 동영상 왔다
코로나 시기에 태어나
집콕만 하고 엄마 아빠만 보며 자랐다
이유식을 하면서
할미 집 방문이 시작되었다
소리로 손짓으로 표현해가는 나날들
이유식을 만들어 주어서인지
할미랑 놀아달라고 하는 건지
나에게로 아장아장 걸어와
고사리손으로 톡톡 두드린다

아직 말을 못하는 손녀의 처음 콜이다

15개월이 다가오는

울 손녀 현서는 하루하루 도담도담*

---

*도담도담 : 아이가 별 탈 없이 잘 자라온 모습

바람길

모진 바람이 들어와 밤새 이야기한다
바스락거리며 들려주는
엉클어진 이야기 안타까움 쌓인다
스며드는 바람 소리
파고드는 오해
바람 부는 대로 흔든다
길을 잃는다
다시 찾아가는 길은
외로운 동굴 헛헛한 마음
스며드는 바람 소리 숨는다
버팀목으로 지키는 골목길
골목길에는 무엇이든 돌아가는 길이 있다
멀리서 봄이 오는 소리 들린다

쓰담쓰담

작은 생각 작은 미소
입가에 웃음이 맴돈다
생활의 바쁨 속에서 헤엄치는 엔돌핀
고맙다

일상들이 감사함을 빼앗아간다
네모난 시계가 삐죽거린다
거울 속에 내가 나에게
똑똑 노크한다

잠깐 멈추어 차를 마신다
시곗바늘은 멈추지 않는다
나와 벗하여
시계의 초침이 가라앉을 때까지
차를 마신다

속마음

싱글족들이 많아졌다
혼자여서 행복하다고 한다
때로는 사람과 사람을 만날 때도
사람과 사람이 헤어질 때도
내 생각 내 감정을
다 드러내지 않는 것은
내 속마음을 보여주기 싫을 때
상대방에게 억지 예의를 갖추어야 할 때
불평 불편함을 잘 견디는 연습이 필요하다

싱글족들이 많아졌다
혼자여서 행복하다고 한다
호흡 속에서 생각한다
호흡 속에서 속마음 비운다
온 주위가 빈 마음들로 가득하다

함께 하는 박수 소리는 크다
함께 웃는 웃음 소리가 크다
함께 먹으면 더 맛나다
더불어 터놓은 행복이 옆에 와 있다

거울 속의 나

거울을 쳐다보다
멈추어지는 거리
시선들이 있다
단정한지 스타일이 어울리는지
외모만 쳐다보았던 거울 속의 나

명상 프로그램을 들으며
나의 눈을 보기 위해
거울 속으로 들어간다
무언의 호흡과 리듬의 움직임
스치며 사라지는 영상
길게 내쉬는 숨소리가
몸의 균형에 집중한다
순간순간 멈추어진다
의식에서 무의식으로 내려간다

거울 속으로 본 나의 모습
반사되어 액자가 되어 있다
이렇게
순간 눈을 안으로 뜨고
그러나
더 사랑해야겠다
거울 속의 나를
거울 뒤의 눈으로

마중물

젊은이들 기다리다 지쳐 탈출하듯 폭발
마스크를 벗어버리고 거리로 거리로
지구촌 뉴스는 튀쳐나간다
델타 변이 바이러스(인도 발생)
람다 변이 바이러스(남미대륙 발생)
급변하는 바이러스 공격
지구촌은 변이 바이러스와 전쟁 중
또다시 강화되어진
마스크 쓰기 거리두기 방역수칙 지키기가 지겹다
우리나라도 지금 4단계 방역수칙 지키기…
뉴스는 백신을 맞아야 한다고 하고
백신을 맞아도 격파 바이러스가 오고
우리가 아직은 알지 못하는 알고리즘
인간의 고도화되어 있는 문명이
또다시 변이 바이러스 산출시킨다

언제쯤 지구촌은

코로나 블루Covid-19 blue에서 벗어날 수 있을까

무덥고 폭염 같은 8월의 날씨

자연에서 만들어진 나이아가라 폭포 마중물* 삼아

지구촌 더위와 우울과

바이러스를 모두 싹 쓸어버릴 수는?

_____

*마중물: 펌프할 때 먼저 담는 물

스트레칭

눈뜨자마자 만세를 부른다, 기지개
시작을 알리는 알람
두들기고 비틀고 꼼지락거리는 동작들이
아침을 깨운다

여름 날씨만큼
에어컨 선풍기 바람 인공바람으로
밤새 자고 나면 붓기 있는 컨디션
쭈욱 뻗어 길게 더 길게 엎드리고 두들기며
몸을 깨운다

창문 틈새로 들어오는 여름 바람
콜롬비아 커피향으로 풍기는 행복전도사
기지개와 스트레칭 마중 나간다

아침을 맞이하는 알람 루틴

점점 올라오는 어깨 근육

긴장되어진 신경세포들에게

자유에의 길을 안내해주는 스트레칭

시계는 고장난다

어릴 적 집의 벽에는
길고 큰 시계추가 달린
그네 타는 시계가 있었다
시계추가 멈추면
뒤에 있는 나사를 돌려주면
또 그네를 탄다

요즈음 기기를 새로 구입하면
작동하는 법을 새롭게 배워야 한다
디지털로 발전하면서
센서기가 너무 센스티브해졌다

시계추 그네 타는 집 그립다
큰 시계 그립다
소나무는 늘 그 자리에 지키고 있는 줄 알았다

그 큰 소나무 밑 내가 그립다

시계는 고장난다

무단침입

한강을 산책하다
눈앞에 사라진 것들
계속 걷다 보니
문득 무리 지어 핀 야생화
뿌리째 뽑혀버린…
인과응보?
한강은 하늘만 쳐다본다

6월의 새벽

지하철 첫차를 탔다
봉은사역에서 5시 25분 출발 김포공항행
급행이 아니라서 역마다 정차한다
가는 동안
정장 차림의 배낭 멘 젊은이들
타자마자 눈을 감는다
캐리어 끄는 승객들
김포공항까지 가는
일찍 출근하는 여인네들
어깨 멘 배낭 빈자리 내려놓고
도시락 간식 김밥냄새가 함께 출근한다
지하철 첫차 시간의 책임감
시간을 아끼며
열심히 살고 있는 오늘들
6월의 새벽 동이 트고 있다

수평선

친구는
손가락이 길다
오지랖이 넓다
요리해서 나누어 먹길 좋아한다
계절마다 담그는 김치
맛나게 익었다고 연락한다
나누어 먹자고
남동생 셋, 자식들 셋
자식들을 농사처럼
잘 키우고 척척 잘해냈다
늘 새벽기도로 하루를 시작한다
매사에 기도로 깊이를 더한다
오후에는 자원봉사 나간다
친구의 삶은 수심 깊은 수평선

빗소리는 물음표

여름비가 내린다
바닥에 떨어지는 빗방울
빠르게 바쁘게 올라오는 물안개
빗소리는 내 눈으로 들어온다

뿌연 안개 속으로 "한강의 익사 사고"
(네티즌들 궁금증 폭발한다)
질문도 대답도 없는 소통
빗소리만 맴돈다

실어증처럼 닫혀버린 해답
빗소리는 물음표
물음표 어디다 그릴까
물음표 어디다 그릴까

홀인원

생각지도 못한 행운 손녀가 태어났다
생각지도 못한 행운 홀인원보험 춤을 춘다
생각지도 못한 성탄절 감사기도 생각난다

넓은 초록 잔디 동반자들과 엔돌핀
무심한 마음으로 한 샷이
땡그랑
나에게도 이런 행운이…
멈추지 않는 얼떨떨한 기쁨

요즘 7개월이 된 손녀(현서)
똘망똘망한 눈망울
만날 때마다 눈맞춤
손녀의 재롱 풍 빠진다

첫돌 지나 두 돌이면
아장아장 함께 걸을 수 있겠지!

애피타이저 Appetizer

시간들은 말한다
입맛을 타박한다
문득 눈뜨자마자 찾는
숭늉 마시듯
모닝커피 한 사발
찬물 한 사발

시간들은 말한다
시곗바늘이 앞서거니 뒤서거니
지나온 몸의 데이터가 만들어진다
마음의 단장도 소용 없다
입맛도 살리고 몸도 살리고 기분도 살리고
동기부여의 시간 앞에서
소박한 레시피, 자연식
아! 찬 공기 한 사발

구름

눈으로 덮인 구름
한참을 바라보는 생각 하얗다
하늘 위에서 만들어지는 세상
생각의 멈춤 하얗다

2등, 페이스 메이커들의 생각
지금부터 1등, 올라갈 일만 생각한다
구름은 어디로 가는가
무엇을 하는가
궁금하지 않는 세상살이 목표 없다

그러다가
저물어가는 노을 등대 삼아
주섬주섬 집으로 향하다가
갑작스런 먹구름의 호통에 흠칫!

멍한 마음

그렇다고 바람은 아니다
그냥
무디어져 가는 개울물
놓아버린 일도 없는데
어디로 갈까
멍한 하늘
구름이 바람을 탄다
붙잡을 수 없는
무언의 물결 위에
눌러앉은 이파리들
멍때리기한다

겨울비

겨울비 찾아왔다
주룩주룩 한참 내린다
어제 내린 겨울비 오늘도 내린다
하늘 아래 시꺼멓다
비행기 창 밖 아무것도 보이지 않는다

순간 생각도 멈춘다
시꺼먼 겨울 빗소리 탓일까
프로펠러 날개 소리 탓일까
빗방울 더 크게 창을 두드린다

겨울비 땅에 닿아
들판을 하얗게 닦아주겠지
하얀 화면에 한없이 시를 쓴다
여기 어디 봄이 찾아와 줄까

박수

토닥토닥 손바닥이 몸을 깨운다
머리 어깨 가슴 무릎 발바닥…
"오늘도 감사합니다"
백팔 염주 천수경 독송이 거실을 몇 바퀴 돈다
어머니는 손에 힘이 빠질까 봐
아직도 법화경 사경을 놓지 않는다
사경은 시간을 낚시한다
간병사님 기다린다
말동무하며 함께 먹는 점심
날마다 손꼽아 기다리는 오후의 햇살
햇살을 식구처럼 마중 나간다
90세, 바람 소리도 뼈 마디마디 곡소리 난다
관절들 파스로 도배한다
미래의 시간은 홀로서기
자신의 삶을 스스로 책임지려는 꾸준한 용기

어머니만의 고통과 인내와

하루하루에 박수를 바친다

갠지스강의 염원

집콕 방콕 신종어가 책상 위 꽂힌다
즐겨 읽었던 책 중
조병준의 '제 친구들하고 인사하실래요'를 펼친다
인도의 캘커타 지역
마더 테레사의 집 자원봉사자 이야기다
흥미로운 것은 봉사자로 오기 전까지
각국의 사람들 이야기다
(인도 여행으로 인연이 닿아
캘커타가 그림으로 연상된다)
봉사자들은 가까이 다가가
희미한 숨소리마저 귀기울여 준다
죽음의 문턱에 선 불안한 마음의
위안 이야기도 들려준다
목욕과 치료도 해준다
봉사자들은 천사 마음으로 하루 일상을 시작한다

지구촌이 변괴이다

지구촌이 고통의 도가니

새로운 변종 코로나 바이러스가 또 생겼다

산다는 것은 실시간 사망 경고

코로나 이후 언택트Un-contact 시대로

사람을 만나지 못한다

비대면 시대 크리스마스 새해 인사도 영상만 빛난다

이제는 백신도 나왔다고 한다

새해도 며칠 남지 않았다

다가오는 새해에는

갠지스강의 전설처럼 눈물로 소망기도 한다

하루하루 일상으로 돌아가게 해달라고

모두 예전처럼 함께 만나고

밥 먹고 산보하고 커피도 마시고

세상의 계절

세상이 변했다
손끝 네비게이션이 나타났다
암막커튼이 나타났다
리모컨이 껌딱지다
이제는 네비게이션이 유혹한다
감성인지 이성인지
외로울 땐 가까운 친구를 찾는다
손끝 리모컨의 터치
끌려다니는 외로움
리모컨은 방구석콕 좀비
리모컨은 가면을 쓰고 우울을 연기한다
우울하다, 화를 내볼까, 어떻게
사랑스런 햇살로 좀비를 살려볼까

어떤 날은 시詩 같은 날

처음 가보는 고창 보리밭
가운데 길가를 두고 보리밭, 유채꽃들이 다툰다
넓은 보리밭은 처음이다
숨을 넓게 쉬며 길게 걷는다
파란 보리밭이 나를 감싼다
누군가의 시詩밭에 들어온 것 같다
벅찬 마음 막상 메모를 하려고 하니
시어詩語들만 앞서가며 자기 자리인 듯 앉는다
내 마음이 안 보인다
마음에 안 든다
그냥 생각을 놓아야겠다
보리밭을 떠난다
떠다니는 구름 따라
하늘에 갈겨 쓴 나의 시詩들

시간을 둘러보는 둘레길

새해 첫날의 산행
새해의 산 기운 가족들이랑 나눈다
나무로 만들어 놓은 길
숲속길 산속길 바닥 눈이 쌓여 있다
숨소리가 사박사박 둘레길 걷는다
작년엔 북한산
올해는 용마산 망우산 아차산으로 연결된 둘레길 코스
집 출발할 때 가이드에게
3시간 정도 산행이라고 주문했다
가다 쉬다 걷다 보니
집 도착, 5시간이나 걸렸다
새해부터 가이드는 약속을 어겼다
길동무 겸 길 안내는 든든하였다
오르락내리락하더니 계단도 많다
아차산 정상은 등 굽은 소나무가 최고

탁 트인 산 아래
서울의 사방이 다 보인다고 설명 듣는다
잠깐이나마 땀을 식히며 쉬면서
어제가 작년이었다고
오늘 새로운 공기를 새삼스레 맛본다

할아버지가 생각났습니다

아들이 확진, 잠복기 이틀 뒤 가족이 확진
24일 이브, SOS 전화가 왔다
며느리 갑자기 호흡곤란으로 119
보호자가 확진자라 바깥출입 제한
수소문한 응급실 보호자로 가달라고 요청이 왔다
놀란 마음으로 가는 중
할아버지가 생각났습니다
24일 이브, 할아버지 생각났습니다
무탈한 선물 달라고 떼쓰는 기도를 한다
응급 처치 후
집으로 가는 것도 확진자라 복잡하였다
집으로 갈 때까지 확진자라 담요로 감싼 채
체온 밖의 온도에서 떨고 있다
코로나가 종식되는 날까지 무탈하게 잘 지나가기를
코로나로 상처받는 일들이 일어나지 않기를

어느새 중얼거리는 생각으로
기도하고 기도하며 핸들을 잡고
집으로 오는 길
산타할아버지 호흡이 돌아왔다는 선물 받으며
산타할아버지에게 정말 정말 감사합니다

모퉁이 길을 지키는

할미꽃은 허리가 꼬부랑
산모퉁이 굽이굽이 지킨다
나무 틈 사이 돌 틈 사이에서
길을 내어주느라 굽었는가
인사를 많이 한 탓인가
태어날 때부터 인사를 배운 탓인가
산모퉁이마다 밟고 지나다니는 길목
꼬부랑 꼬부랑 길목을 지킨다
산행하는 이들은 할미꽃 소리 모른다
할미꽃이 내어준 모퉁이 길, 편하게 오고 간다
설화처럼 "세 딸을 기다리다
목이 빠져 휘었다고 한다"고 하는
아픈 이야기가 묻어 있는 할미꽃
산 정상에서는
언젠가는 내려와야 하는 구불구불 모퉁이 길

백발이 되어도 연보라 족두리가 아름다운 할미꽃

모퉁이 길을 지킨다

구불구불 꼬부랑 꼬부랑

참 멍청이

벌써 절반이 가고 있다
해와 달도 쉬지 않고
스케줄도 하품하며 쉬는 날
달력 숫자도 빨강색 쉰다
시계바늘은 휴일이 없는가
새해 새옷 입고 중얼거리며
여태껏 쉬지 않고 나도 달렸다
시계는 시간보다 참 멍청이
건전지 교체하는 날만 잠시 쉬어간다

제3부

어느 지구에서 왔니

칭찬의 말은 고래도 춤추게 한다
언어폭행은 사람을 동굴 속으로 빠뜨린다

바람 타고 떠난다

밤새 바람 타고 온 낙엽
아파트 담장 타고 내려오다
바스락 바스락 밟아본다
정겹게 들리는 소리

깔끔하게 정돈된 출근길 준비
청소부 아저씨 손에 들린 빗자루 바쁘다
낙엽들이 싹싹 쓸려간다
낙엽들의 아픈 고백마저 빗자루에 쓸려간다

빗자루의 책임감이 크다
바람 따라 뒹굴고 밟힌 상처를 지운다
나뭇잎의 아픈 고백마저 지운다
모두 다 바람 타고 또 떠난다

굴참나무 안부

자연도 땅속 녹인다
아지랑이 땅속 어루만지는 경칩
겨울잠 동물들 기지개 켠다
포근한 바람 타고
봄이 매화 개나리 목련에게로 달려간다
새들도 덩달아
봄소식 전하려 날갯짓한다
잊지 않고 찾아와 주는 자연들
어느새 어깨 위에서 샤랄랄라~ 향기 전한다
코로나 세상은 도미노 세상
순리를 거스르지 않는 굴참나무 인사
유달리 빛난다

기침

생명체는 생물학적 기침한다

숲속의 나무들 햇살과 맑은 공기

친구 되어 함께 기침한다

계절의 꽃들 모진 비바람 맞아가며

향기로 기침을 내뿜는다

강아지 뛰어다니다 기침한다

냄새 맡느라 바쁘다

아가들 배냇짓 동작 기침 소리 부모들 깜짝 놀란다

때로는 미안함 머쓱함 타이밍이 안 맞을 때

실수 연발의 기침

그래도 봐줄 만하다

쉽게 보고 듣는 양심이 걸리는 순간

스쳐 나오는 헛기침

아무도 모르게 눈치껏 한다지만 시간은 안다

어쩌다 만들어진 운명 같은 습관들

시간 지나면 무서움 알아간다
생각도 감정도 읽어 함께하는 AI 시대라고
기침은 이제 우리에게 전설의 고향의 생명적 미담?

가을아

가로수 오색빛깔 단풍

낙엽 되어 바스락거리는 소리 좋다

산이 눈에 들어온다

눈 안에 들어온 너, 더 멋지다

커피향이 눈에 들어온다

추억이 살아있는 거리

어제가 오늘이 되는

붉게 물든 옷 너의 옷 단풍이여

파닥거리는 내 봄도 가지 않았는데

가을아 가을아

천천히 좀 가주면 안 되겠니

햇살

사람의 눈은 없다
마음이 본다
생각이 창

마음의 눈
보여주기 싫을 때
선글라스 쓴다

사람의 눈빛
따뜻한 공기가 있다
따뜻함이 햇살과 하나 된다

베베캠

별이 찾아왔다

어느 별에서 왔을까

아가의 잠자는 모습 보며 감탄한다

코로나 시대

순간도 놓치지 않는 산후조리원의 배려

베베캠* 문화

손녀의 탄생, 축하도 베베캠으로 전한다

제한지역 안전한 보호 아래

베베캠 속 배냇짓

자고 있는 천사의 얼굴 본다

제한된 시간, 하루 2번

―――――――

*베베캠(baby baby cam) : 영상 속에서 아가들을 볼 수 있는 프로그램

실시간 앱으로 보는 베베캠 속의
별 아기 영상
탄생을 축하!
건강하게 잘 자라!

땅에 와도 만질 수 없는 별 아기
감사의 공명등
하늘에 띄워 보낸다

        _ 2020년 8월 28일, 손녀 현서의 탄생을 축하하며

우산 속은 멜랑꼬리 Melancholy

빗줄기 바라본다

쏟아지는 빗소리

하늘의 악기 소리

세차게 내린다

발등 위에 통통

튕겨 나가는 실로폰 소리

이어폰 타고 비트 타고 음폭의 멜로디

우산 속은 멜랑꼬리하다

달달한 커피가 생각난다

외면하고픈 기억 후회스런 생각

장대비 소리가 멜로디 빠져든다

멜랑꼬리도 때로는 힐링이 된다

소낙비

잠시 쫙쫙 내리는 소낙비
갑갑한 마음 한 곳 뚫어준다
비가 시원하게 온 집을 적셔준다

우산 위 빗방울 소리 툭툭 이마를 친다
"친구가 생각날 때는 외로운 거"
"부모가 생각날 때는 힘든 거"
어디에선가 들은 말들 빗방울 되어 쏟아진다

갑자기 우산대가 무겁다

미안해

엘리베이터 안에 있는 꼬맹이
마스크엔 동물이 있다
나를 보자
순간, 손으로 마스크 가리며 뒷걸음질
여느 때 같으면 웃으며 눈인사할 텐데
저것이 현실의 부모교육 효과다
마음이 아프다
천사들의 표정이 사라져간다
천사들의 목소리도 사라져간다
천사들의 호흡 갑갑하다
어른들이 잘못 산 시간을
천사들이 숨막혀 한다
미안하다
많이 많이 미안하다
내 말에 높은 가을이 파란 하늘 가져온다

어떤 시詩

행동은 또 다른 언어이다
떠올랐다 사라지는 스쳐가는 말들
또 행동으로 옮긴다
또 마음을 움직이게 한다
발자국만 남기고 떠나는 말들, 소문들
칭찬의 말은 고래도 춤추게 한다
언어폭행은 사람을 동굴 속으로 빠뜨린다
때로는 속상한 말에 묻어만 두고
삭히지도 못하고 끙끙댄다
행동 대신 글을 쓰는 것은 잠깐 쉬어가기 위한 것
내 속마음을 들여다본다
때로는 행동을 쉬면 나의 시詩도 나온다

하늘

비행기 창밖 시선 머물다
고도를 내려오니
뽀오얀 가을 하늘 사라졌다
하늘 위에 수평으로 떠 있는
거무튀튀한 뭉게구름

마치 거리두기하듯
둥둥 떠 둥둥 떠도는
구름의 움직임이 꼬리 부분으로 뭉쳐 있다
풍선 위 쉼터처럼
멍한 시간으로 앉아 있다

미세먼지 황사 코로나 바이러스가
우리 모두 함께 가야 할 시간을 가로막고
우리의 일상은 우울로 굳은살 배겨간다

가을앓이

마음 따라 허전함이 따라와 앉는다
벽이 생긴 것도 잊고
그림자 뒤에 숨어
미소 짓는 변덕스런 코스모스
갈대들은 풋풋한 바람 흔들고
흔들리고 있다
나뭇가지가 낙엽들과 함께 춤춘다
단풍은
붉게 물들어가는 하늘 본다

갱년기는 언제쯤 지나가 줄까!

환기

청담공원 숲의 공기 아침인사한다
창문이 겉옷을 걸치게 한다
찬 공기 들어온다
들어온 숨 여기저기 몸을 깨운다
어깨도 깨운다
들숨, 날숨은 숨을 키운다
마음의 문도 활짝 연다
혼자 있는 공간 외롭지 않다
혼자 있는 공간 모닝커피가 맛나다
어쿠스틱 팝송 멜로디를 커피에 탄다
음악과 함께 마시는 커피향
오늘 하루는 향기로운 일이 생길 것 같다

새벽녘 눈

카타르 월드컵축구 16강전, 새벽 4시
알람이 깨운다
창문마다 새어 나온 불빛
위층 아래층 응원 소리 들린다
잠이 덜 깬 TV 앞에 앉는다
새벽녘 잠이 덜 깬 눈이 내린다
광화문광장의 길거리 응원
뉴스에는 "창원에서 올라온 고등학생의 인터뷰
축구응원 하러 왔다 아침 수업시간 참석 위해
내려간다는 말"
개인의 행복보다 소유보다 공유를 사랑한다
상품보다 체험을 즐긴다는 MZ세대 어른스러움
늙음과 젊음이 함께 숨 쉬는 응원의 숨
결과는 졌지만 차세대 길은 눈길처럼 밝다
행운의 눈이 펑펑 내린다

짤츠캄머굿

영화 "사운드 오브 뮤직" 배경 지역
모짜르트가 태어난 짤츠부르크 동쪽, 산악지역
짤츠캄머굿
볼프강 호수 옆에 끼고 유람선 타고 구경한다
한 편의 엽서 잠시 머물러본다
이른 봄이지만 삼각형 지붕 눈으로 덮여 있다
다시 가보게 된 짤츠캄머굿
케이블카 타고 정상까지 올라간다
케이블카 아래 풍경은 노르딕 스키를 타는 스키어들
풍선 타고 둥둥 떠 있던 행글라이딩
또다시 올라가 새가 되어 날아간다
마치 이불 보따리 등에 메고 힘든 언덕 가파른 경사길
올라가는 현지인들 보며 다시 한번 감동!

사진 여행, 셔터 소리가 추억으로 소환한다

컴퓨터에 저장된 사진, 여행 속으로 잠깐 들어가 본다
휴식은 잊고 지낸 세월에 대한 보상
담아온 사진은 코로나 시대 작은 위안을 준다
어느 여행작가의 말이 머리를 친다
"산다는 것은,
설명 듣고 이해하는 것이 아니라 직접 경험하는 것"

비가 속삭이다

밤비가 속삭이며 온다
창살을 어루만지며 온다
이불 속 발가락 속삭이다
하나씩 하나씩 그림자 스쳐간다

느닷없는 천둥소리!
귀가 화들짝 놀라
안으로 숨는다
귀가 눈 뜬다, 밤비 속에서

5월의 꽃

"한 송이 꽃은 남에게 봉사하기 위해
무언가를 할 필요가 없다
오직 꽃이기만 하면 된다, 그것으로 충분하다
한 사람의 존재는 만일 그가 진정한 인간이라면
온 세상을 기쁘게 하기에 충분하다"
틱낫한 스님*의 글을 읽으며
5월의 꽃, 참 멋있는 꽃이다
있는 그대로의 충분하다는 느낌으로 핀 꽃
감사하다
언제나 배움을 주시는 부모님 스승님께 커다란 꽃을
가슴에 달아드리고 싶다
사랑합니다 감사합니다

───────────

*틱낫한 스님 : "평화로움" 글 중에서

끌어올려

좀처럼 속마음 보여주지 않는 구름
따스한 햇살이 나오면 전화하던지
일부러 삐딱하게 말한다
삐딱한 말에 걸려서 넘어진다
자책하는 마음 만든다
나의 자존감에 텐션이 살아나야 할 텐데

텐션 보이스 김호영*의 "끌어올려"
누군가에게 걸려 넘어져서 찾아오면 푸는 방법 중
우연에서 필연이 될 수 있도록 생각한 아이디어
하이톤, 오버액션으로 "끌어올려"라는 유행어
사람들에게도 자신에게도 위로의 말이 되었다고 한다

――――――――――
*김호영 : 뮤지컬 배우, 영화 예능 홈쇼핑 TV 게스트

자꾸 듣다 보면 에너지가 뿜뿜 솟는다
자꾸 듣다 보면 나도 빠져든다
긍정의 힘 솟구친다

빙의가 되어서라도 찾아가야지 자존감에게
구름이 삐딱하게 궁시렁거려도
전화할 수 있다는 햇살의 말에 고맙다고 해야지
편안한 운동화 갈아 신고 작은 숲속 길 걸으며 간다

현서 100일

손녀 현서의 탄생 100일
때마침 할아버지와 인연이 닿았는지 생일날과 같다
할비의 기쁨 두 배가 되는 날
삼촌의 조카 100일 이벤트 택배 왔다
풍선 불고 이벤트 모빌 불었더니 천정으로 올라간다
폼폼 구슬 실로 엮어 벽에 걸었다
서프라이즈 준비가 바쁜 주말 이른 아침

탄생 후 첫 나들이
상상하며 준비한다
초인종 소리가 대문을 연다
현관 입구는 촛불 두 줄로 밝히며
삼신 할멈도 함께 입장한다
잘 성장하기를 기원한다
통통한 볼 방긋방긋한 눈웃음 내 팔에 안겨 있는 귀한

손녀, 현서

훗날 동영상을 볼 때쯤이면

할비 할미 삼촌이 만든 행복한 스토리 그려보겠지

마음속으로 간절하게 소망하는 시간

캡슐 한 알

믹스커피 맛 좋다
아메리카노 커피 맛 좋다
에스프레소 기기에서 나오는
여러 가지 캡슐 한 알 한 알 맛에 빠진다
그중 신맛의 커피 맛 좋다
눈 뜨면 손이 가는 캡슐 한 알
숭늉 같은 한 사발이 눈을 깨운다
맛의 유혹이 깨운다
지난 시간은 커피향보다
분위기 좋은 곳에 더 관심이 컸다
커피향 찾아다닌 시간들이 더 많았다
지금은 수면과 씨름 중이다
조금씩 커피를 줄이려고 하는데
디카페인 커피, 맛이 없다
그래도 좋다

화창한 바깥 낙엽들이 친구들과 수다를 유혹한다
나를 부른다
캡슐 한 알은 괜찮겠지?

산책길

봉은사에는 일반인분들을 위한 공양간이 있다
착한 가격과 밥은 공짜다
공양간의 줄은 늘 길다
점심 후 산책코스 겸 명상길이 있다
도심 속 사찰의 템플스테이 코스, 명상 코스의 명상길
대나무 오솔길 잘 다듬어 놓았다
산책길에는 외국인들도 교차하는 길목
서로들 기다리고 오고 간다
마주치며 기다리다, 합장한다
어느 날부터 "성불하셔요"라고 한다
고개가 갸우뚱하는 외국인에게
순간 짧은 언어로 아래 보이는 불상을 가리키며
"Become a Buddha"
"Oh! thank you"라고 합장해준다
"Good luck"이라고 하니 또 합장해준다

오솔길에 간간이 내리는 빗줄기, 걷는 중에도
풀냄새 나무 냄새 흙냄새가 올라와 벗이 되어준다
중간 길목에는 소망, 기원하는 돌멩이 쌓기도 한다
이어폰으로 전해오는
잔잔한 가을 연주곡도 함께 거닌다
솔잎 향, 발걸음 가볍게 감싼다

전통이라는 따스함

코로나 시대 이후 낮 시간 아이들이 혼자 남겨진다
맞벌이 부모님들 마음 헤아릴 여유도 없다
비대면 시대 온라인 수업

오래전 아프리카 원주민 부모들 일하러 간 사이
할머니 할아버지들이 아이들을 동그라미처럼 앉힌다
꿈들을 이야기하게 하고 이야기 들려준다
전통에 남아 있는 어린 시절
공동체 사랑의 배움
행복은 자연스럽게 익히는 일상

우리에게도 대가족 제도가 있다
3대가 함께 살며 부족한 사랑의 빈자리는
늘 할머니 할아버지 강아지 품 같은 사랑의 방식
강아지 품이 없어진 문화의 틈새는

비행소년 가출 마약 등으로 난리가 난다

어제도 오늘도 차고 있는 나의 시계들이 묻는다
어제오늘의 세상 공기는 차갑고 힘들다
시계야 시계야
내 팔목에 꼭 있으렴

동행

언니 시간 내봐, 시간 되면 나랑 함께 갈 곳이 있어
그냥 가자, 그래 알았어
전화기 듣다가 대답만 한다

한옥마을 입구는 겹벚꽃이 한창이다
떨어진 겹벚꽃 꽃길, 돌로 만든 옛 돌담 꽃길 걷는다
기와 위 곡선 위에 쌓인 겹벚꽃 꽃잎, 한 폭의 동양화
풍천노씨 대종가 설명 듣는다
개발하지 않고 전통을 유지하는 종손들의
정성스러움 감사함에 감탄한다
숙영이랑 오랜만 기차여행하고
남원에서 이민정 작가* 분이 반겨주었다

―――――――――

*이민정 작가 : 함양 개평마을 한옥에서 열린 작품전 <써가래 이고지고> 이민정 작가의 그림 전시회가 그룹전으로 한옥마을에서 숙영이 지인인 작가 소개로 그림 감상하며 특히 '만다라'의 그림이 눈에 와닿았다. 어떤 영감으로 그림이 탄생되었을까?

나이도 도레미파솔…

다른 분야 다양한 사람들 안부와 담소로 저녁상 차림

무작정 따라나선 나, 어리둥절하지만 함박꽃 피는

담소는 즐겁다

잊고 지낸 한옥, 오랜만에 한옥에서 1박

한 10년 가까이 만나 알고 지내는 동생

계절이 바뀌거나 일 년 중 가끔 안부 차 연락한다

무심한 듯 무심 안 한 듯 알고 지낸 동생과의 동행

기쁘고 고맙다

지난 시간들은 우울했다
Covid-19, 공포의 뉴스

3년 만에 가는 이른 아침, 큰집
설날 차례 함께한다
차례 후 먹는 떡국은 아가들의 재롱 웃음 소리
세배도 재롱의 연속 웃음 소리
내가 결혼할 적, 조카는 초등 1학년
지금은 오십, 세 아이의 아빠다
어느새 후다닥 떡국을 많이 먹었지
나에게도 아파트 담장 너머로
개나리 목련 여러 번 스쳐갔지
아가들의 웃음 소리! 기쁘고 고맙다
조카도 나의 아들도 고맙다
손주들 재롱은 더 웃을 수 있다

내게 붙인 할머니 이름 조금씩 친근해져 간다
좋다 좋아
부디 잘 자라만 다오

감기앓이

비가 내린다

봄비가 또 내린다

하늘은 황사 미세먼지로 마라톤 중

맑은 공기 주려고 또 내리는가

몸살감기 기침님이 오셔서 4주 이상 나를 괴롭힌다

나을 듯한데 또 재발, 우울 모드

들숨과 날숨에 호흡만 남았다

머리 위에서 발끝까지 고요히 침묵

머리에는 아무 생각이 없는데 무겁다

신호등은 빨강 뒤엔 녹색이 켜지는데

이 봄은 빨강 신호등이 너무 길다

지나가는 비, 봄 타는 봄앓이 머물러도 좋다

먼지도 감기도 우울증도 싹 씻겨가거라

눈꽃 날린다

울산공항 길가 벚나무 가로수 길
눈꽃 날린다, 양팔 벌린다
위로 아래로 옆으로 흩날리는 눈꽃
눈이 부시다
눈에서 꿀 떨어진다
만발한 벚꽃 햇살과 다툰다, 바람과 다툰다
하늘이 가로수 길 와락 껴안는다
감사하다 봄 봄 봄…

엔돌핀

꽃잎들이 여기저기 기지개 켠다, 웃는다
날씨는 계절을 탄다
마음도 흔들고 생각 속 헤엄치며 서핑하듯 파도친다
마음에게 물음표 느낌표로 유혹한다

노랑 개나리가 먼저 손 흔든다
하양 보라 목련이 화단 위 활짝 웃는다
올림픽대로 여의도 벚꽃 꽃길
꽃몽오리는 시간차로 꿈틀꿈틀
63빌딩 꼭대기를 쳐다본다

큰 숨을 쉰다
우리의 일상이 더 크게 웃는다
벚꽃이 엔돌핀 팍팍 터트린다
나도 모르게 눈맞춤

어느 지구에서 왔니

지하철 안, 외계인 소리
킹.. 킹.. 킹..
잘못 들리나? 킁.. 킁.. 킁..
강아지도 없는데…
한참을 떠들다 내린 아리송한 젊은이들
물어본다, 대답
"킹 받쥬 = 열 받주"라며 웃는다
무슨 열 받을 일?
순간 생각하고 순간 말하고 순간을 사는
낯설은 젊은이들의 외래어
어제는 특별함이 미안할 때도 있었다
늘 한 박자씩 늦는 세대 차이
아무리 걸어도 길은 보이지 않고

성장통

코로나 이후 만남도 많아지고
유튜브 알고리즘도 볼 것이 많고
보고 듣고 하다 보니 수다도 많이 생겼지만
겉도는 말이 시간을 채운다

지나간 흔적 생각하게 한다
순리하는 말로 위로받으려고 포장한다
센스 안테나가 눈치껏 알면서 모른 척한다

저장한 플레이 리스트 듣는다
새소리 물소리 악기 소리 듣다 보면 생각이 멈춘다
이것저것 뒤척이다 시상을 끄적거리다가
새로운 시간들 맞이하느라 성장통이 잦다, 아프다

창문 열면 밤하늘 떠도는 별

오로라와 별들이 내려앉은 북극 하늘
북두칠성과 가깝게 사는 사람들은 아프지 않을까

비트 타는 하루

햇살 담은 상쾌한 연주곡 즐겁다
눈 감고 들으면 마음을 파고든다
뿌연 우울 모드 젖히고
플레이 리스트 목록 터치한다
멜로디 실린 악기 비트를 탄다
두두두두.. 둥둥둥.. 툭툭..
한 곡 한 곡 마치고 리스트 목록 위로위로 올린다
리스트 목록이 비워지고 있다
아무거나 누른다
그냥 듣는다
톡, 톡, 터치 소리…
중간중간 타는 리듬 스치다 어제 생각
비트 타는 손가락 끝자락에 어제와 어깨가 숨쉰다

마스크 벗는 날

커피를 주문하러 갔다
서로들 마치 로봇이 준비한 주문 주고받는다
자리로 돌아가며 순간
아주 작은 말에도 방긋 웃는
나의 20대가 스쳐갔다
코로나로 지친 탓일까
움츠린 시간들이 투덜댄다

아지랑이가 점심을 먹고 하품한다
햇살은 알록달록한 꽃들 유혹할 것이다
꽃향기는 자유로운 나비 유혹할 것이다
시샘하는 살랑바람 노오란 후리지아향
젊은이들 어깨 위로 날아가는 날이 보인다
아, 마스크 벗는 날

제4부

하늘이 마술사

엄마에게는 혼낸 뒤 달달한 사랑이 있었다
한참 시간이 지나면 솜사탕이 입에 들어왔다

시간의 기적

또 꽃이 나오려나
어머나! 잎사귀 속 숨어 있다
잎사귀는 햇빛 부족으로 누런색 듬성듬성
구름의 연속 햇볕 잘 드는 창가로 옮긴다

미세먼지 황사 외출은 베란다 창문 닫힌다
물만 주었을 뿐인데
미처 생각 못한 생명들에게 미안하다
인심은 변하지 않음에 고맙다

시간은 귀에도 눈에도 일부러 모른 척
말 없는 약속 지키듯
군자란 꽃대를 끌어올린다
한 꽃대 14개의 꽃!

보라 향기

빨강 파랑을 섞으면 보라
삼원색, 교과서에서 배운다
연보라와 궁합이 잘 맞는 초록
라일락꽃에서 배운다
(교과서 아닌)
나뭇가지는 꽃밭에 늘어져 있다
향기의 발걸음은 그냥 갈 수 없다
(경비아저씨 한 가지 꺾어 가란다)
보라 향기, 초록 나무 사이 활짝 라일락!

카페에서 라일락 커피를 마신다
보라 향기에 취해 하늘을 나는 나

나그네

공중에서 떠도는 홀씨
바람 타고 와 얼굴을 간지럽힌다
봄을 잊지 않는 민들레
홀씨 되어 와 앉고
나비 되어 봄소식 전한다
바람 따라 발길 따라 떠돌다가
바람 따라 발길 따라 찾아오는
가벼운 인사, 홀씨
반가운 나그네

머리가 뜨겁다

밤새 눈이 내렸다
눈을 눈 속에 담겠다고
가슴을 열고 걷는다
발자국 없는 눈 사각사각
발목이 들어간다, 2월의 눈 속으로
그래도 좋다 머리가 뜨거워진다
요즘은 왜 이리 지난 생각이 많은지
싸락눈에는 눈물이 많다
심장도 눈치도 없이 뛰었던 지난날
그 나대던 심장들은 눈 속에 묻혔다
눈꽃으로 파티하는 나뭇가지들 포즈에
한 컷 한 컷 셔터 소리
눈물 없는

봄비가 살랑거린다

개성이 보인다 갬성이 분위기 풍긴다
취향이 같으면 마음이 간다
성형보다 예쁜 화장솜씨 스킬
시간이 흐른다, 덜컥 걸린다
봄바람과 함께 널뛰기한다
5월, 알록달록한 꽃들이 한창이다
시간 가는 줄도 모르고 피고 진다
시도 시냇물도 졸졸 흐르다 고인다
봄이 귓가에 살랑거린다
봄아, 너도 이해받고 싶니?
봄아, 너도 사랑이 그리웠니?

착각

눈은 소리가 없다

생각은 말이 없다

입은 소리가 있다

말하고 나면 과거

모든 것은 착각이다

숨

늦게 도착한 극장 스크린 바쁘다
2초만 깜빡거리면 될걸
순간 그 시간이 길다
숨 한번 넘기면 될걸

한 해가 하루 남았다
눈이 내린다, 펑펑
비가 내린다, 소나기 된다
파노라마 같은 한 해

12월이라는 숫자는 괜스레 뭉클하다
때론 고맙고 때론 미안하다
그래도 12월이 좋다
또 숨 한 번 넘기면 또 숨 쉴 수 있으니
늘 공기 되어 내 곁에 있을걸

시간이 아프다

무언가에 끄달려 놓지 못했나
미세먼지 같은 인연일지라도
시간은 아프다
엄마에게도 듣지 못한 쓴소리를 들어야 한다
듣고 속으로 억누르다 쇼크가 왔다
엄마에게는 혼낸 뒤 달달한 사랑이 있었다
한참 시간이 지나면 솜사탕이 입에 들어왔다
그러나 악연이고 인연이 그냥 덮기로 해야겠다
겹겹의 인연이 결국 죽음과 환생까지 간다
지은 인연을 가시게 해달라고
봉은사 스님 법문 옆에 향을 올렸다
비로소 발걸음이 가볍다

선물

코로나 시대 태어난

코로나 베이비 우리 손녀 현서

2년 집 안에서만 지내야만 한다

마스크 쓰는 시기가

7개월은 되어야 가능한 바깥출입

할머니 집은 바쁘다, 방가방가 손녀!

거실 공간, 놀이 공간, 키즈카페로 변신 중

세 돌 지나 찾아온 성장은

귀가 열리고 말이 점점 많아진다

표현을 잘못하면 내 말을 고쳐준다

그때마다 미안해, 이해해주어 고마워라고 말해준다

"갠찮어"라고 등을 도닥거려 주는 현서

요즘 재롱잔치 공연에 주말마다

방 안 방청석은 만원

할머니 나 잘해?

잘해 아주 잘해
박수 소리에 현서는 성장해간다
유치원 생활은 감기를 달고 산다
웬만하면 약봉지랑 함께 간다
코로나 시대 현서의 탄생은
웃고 울고 눈 오고 비 오는
하늘이 베푼 선물
우리 집은 늘 꽃과 웃음 가득한 봄이다

노랑 파도

낙엽 밟으며 걸어본 적이 언제였든가
메타세콰이어 발 아래 은행나무 이파리 뿌려놓았다
은행잎을 밟다 보면 햇살은 뒤꿈치 따라와 멈칫거린다
채색되어 가는 느낌표 따라 거닌다
기다린 흔적 남기고 떠나는 시간 닮아가는 나
톡 사진 공유하다 추억 한 페이지

무언으로 한 자리 서 있는 나무
체념도 아니고 자연의 미소 연기한다
여기까지 오느라 노란 미소가 힘들었겠지
기다리고 잠재우고 시간의 노를 젓는다
파도가 없는 곳 찾다 파도로 간다
노랑 햇살 노랑 파도 타고

그냥 좋은 하루

물은 세모일까 네모일까
동그라미 만들다 다이아몬드라고
의미 붙이는 이유 딱히 없다
실시간 나도 나를 잘 모른다
눈 뜨면 해도 뜨고 달도 뜨고
그냥
무궁화꽃이 피었습니다

평행선

"나는 나밖에 모르고

너는 너밖에 모르고

그래서 우리는

똑같은 길을 걷고 있지

평행선

…

…"

(가수 문희옥 / 평행선)

우연히 오래된 유행가 가사가 들린다

처음 들었지만 귀가 멈춘다

"서로 바라보고 있는데

서로 다른 길을 가고 있는 평행선"

시기가 맞았는지 스쳐가는 가사가 귓속에 익어간다

시간들은 각자의 굳어진 습관들로 마라톤 중
대화 속에 직진하는 팽팽한 평행선의 연속
가사를 곱씹어 생각하다 웃음이 난다
인정하자니…
아직은 좀 그러긴 하다
혹독한 겨울을 보내고
봄이 되면 개울가의 눈이 스르르 녹아내리듯
그 시간이 될 때까지 조금만 더
기다려주면 평행선이 고요해지겠지

바람을 걸친다

바람도 며칠 사이 그다지 불지 않았다
어깨 위로 또 가을이 앉는다
콧바람이 재채기하니 알아차리고
겉옷을 어깨 위로 걸친다

어느새 다가온 추위 체감온도
이러다 크리스마스가 올 것 같다
올해도 그냥저냥 다 가는 모양이다
일상의 마음도 다람쥐 쳇바퀴 돌 듯
가늠만 하다 다시 제자리다

빈펄 호텔*의 바닷가에 비추는 커다란 보름달

---

*빈펄 호텔 : 다낭의 비치 호텔

바닷가 바람 타고 둥둥 떠 있다
달빛에 물결이 반짝거린다
보름달도 파랗게 가을을 걸치고 떠 있다

뭉게구름

보고 싶은 사람은
뭉게구름 되어 피어 오른다
어딘가 있을 멀리 이민 간 친구가
가을을 데리고 온다
함께하지는 못해도
그리움 뭉게구름 하늘 가득
가을이 파란 깃발 높이 든다

가을 소식

상쾌함이 창문을 열고 들어온다
숨을 길게 쉰다
아! 무언가 기분을 좋게 한다
바람이 얼굴 목 쓰다듬는다
가을을 받아들인다
코끝으로, 온몸으로
반가운 소슬바람이
가을입니다

AI 라운딩

AI 로봇 골프 라운딩

캐디 없는 캐디 역할하는 로봇

버튼을 누르면 나를 따라다닌다

입력한 대로 하지 않으면

수시로 아나운서 멘트 나온다

말을 걸 수가 없다, 버튼이 말이다

버튼을 누르지 않으면 가는 곳마다 따라다닌다

메뉴얼대로 잘 다니고 나의 분신처럼 따른다

마음에 안 들어도 눈치를 주거나

핀잔도 주지 않고 불편해하지 않는다

첫 번째 홀 지나니 예보대로 가랑비가 내린다

AI 캐디에게 비옷도 입힌다

우산 들고 채도 닦고 라운딩하니 바쁘다

가랑비가 계속 내린다, 익숙함에 재밌다

라이트 조명 그림자가 생겨 캐디가 하나 더 있는 듯…

혼자서 걷고 혼자서 선택하는 라운딩
나를 믿어야 하고 나를 믿어보는 시간들
캐디 직업이 언젠가는 또 없어지겠지
편리한 것들은 대화도 소통도 부재중
익숙해져가는 AI 기능과 사라져가는 노을들

방구석 여행

여행 TV 프로그램 중
'다시 갈 지도, 특파원 25시
인플루언서의 세계 각국 여행기' 등등
시간 날 때면 여행 프로그램 자주 본다
집에서 소파에서 누워서 편하게
대리 탐험하는 여행자들이 많이 늘었다
호기심 많은 나도 그중 한 사람
요즘 즐겨보는 프로는
'텐트 밖은 유럽 노르웨이 편'이다
여행 중 안 가본 곳도 보이고
6월이지만 겨울 눈을 보며 여름을 잊은 채
편하게 차를 마시며 지구촌 두루두루 넓게 볼 수 있다
1994년, 릴레함메르 동계올림픽의 장소
경기 후 원상 복구되어
자연환경이 훼손되지 않게 지은 조립식 건물

그대로 옮겨 기념하기 위해 계속 유지하고 있다
자연환경의 중요성이 보인다
불편하지 않게 보는 방구석 여행이 참 좋다
꿈속에서의 여행이 때로는
실제 여행보다는 더 실감나듯
백야인 하늘, 오로라
넓고 큰 피오르 화려한 장관을 보니
내가 비로소 우주, 지구에 살고 있는 느낌이 든다

맨날 술이야

"슬픔이 차올라서
한 잔을 채우다가
떠난 그대가 미워서
…
…
난 늘 술이야
맨날 술이야"
(가수 바이브 / 술이야)

유행가 가사에 아버지가 들어온다
노래 소리에 내 코가 찡끗한다
마침 오늘은 절에서 처음으로 모시는 아버지 기일
술 한 잔 대신 생수 한 잔 올린다
손주까지 합하여 12잔씩 올리던 술
오늘은 "아버지 취하는 날"이라고 하시던 어머니 말씀

22년을 어머니 집에서 아버지는 술잔을 기울이셨지
내 머리에도 새치가 보이는 시간 그리움이 묻어온다
흘러가는 시간과 시냇물에 나와 아버지가 떠간다
스님의 왕생극락 염불 소리
아미타경 목탁 소리 울려 퍼진다
두 손 합장하며 아버지를 불러본다
한 잔 술에 퇴근하시던 아버지 모습이
눈물 타고 멀어져간다

뇌를 움직이게 한다

상상할 수 있는 일은
종이에다 쓸 수 있다
아무거나 쓰고 싶은 대로 쓸 수 있다
상상을 받아쓰기하듯 적어볼까
AI가 옆에 있으면 좋겠다
똑똑한 발음 필요할까, 아무거나 쓰는데
글이 되든 철자가 틀리든
말이 맞지 않아도 다 쓸 수 있다
종이 위 상상을 옮기니
수, 금, 지, 화, 목, 토, 천, 해, 명
(수성 금성 지구 화성 목성 토성
천왕성 해왕성 명왕성)
갑자기 생각나 우주의 별 찾아보다 적어본다
아무거나 쓸 수 있다니 은하수로 가볼까
(천장이 유리창으로 된 노르웨이 여행

밤하늘 화성 생각난다)

적다 보니 종이 한 바닥이다

"손으로 글씨를 쓰는 것은 뇌를 움직이게 한다"*

덕분에 종이가 뇌 운동을 하게 한다

언제든 아무거나 써야지, 뇌 운동으로

손으로, 발로

---

*"손으로 글씨를 쓰는 것은 뇌를 움직이게 한다" : 이재영 교수님 글
  중에서

틈

베란다 틈이 생겨 바람이 들어온다
그 틈 사이 공기에 숨 쉬는 화분 즐겁다
틈이 손잡이에 생겨 헐렁하다
헐렁하게 내려앉은 높이는
손녀의 손이 닿아 즐거운 장난감

사람과 사람들 사이에도
틈이 생기면 서먹서먹해진다
예전처럼 쉽게 할 수 있는 말도 주춤거린다
적당한 거리가 만들어져 간다, 편하다
이렇게 건강한 거리로 만들어져 가는 걸까

4월은 눈꽃송이 날리는 벚꽃들의 축제
산 틈으로 삐져나온 진달래꽃
연분홍 가슴으로 숨 쉰다

겨울 틈 사이에서 봄이 나오고
어려운 시간 틈에서 행복이 나온다

하늘이 마술사

구름이 숨었다
하늘이 하얗다
하얀색이 파란색을 훔쳤다
내 마음도 그렇다
누군가 내 마음 훔쳐갔다
길 가던 사람 안 보인다
보이는 것은 숨바꼭질한다

구름도 거품이다
하늘도 거품이다
떠돌다 사라지면
하얀색 텅 비어 있다
노랑 하늘 나타나면 하양으로
검은 구름 나타나면 노랑으로 칠한다
거품은 잘 섞어지고 잘 사라진다

유니콘 되어 나타난 구름이
뿔 달린 먹구름 심술 보며
소나기를 터트린다
오늘도 시원한 하루

시평

강지원 시詩의 쉬어가기 쉼표의 시학

•

민용태
스페인 왕립한림원 위원, 고려대 명예교수

　강지원 시인의 미소에는 어려움이 없다. 세상살이는 덤으로 살아온 듯 시인의 얼굴은 아직도 초년생 동안이다.

　첫 번째 시집을 해설했으니 이번 제2 시집은 좀 다른 교수님의 시평을 받는 게 어떠냐고 묻는다. 제게 다른 교수님은 없어요. 그냥 교수님이 써줘요. 그럼 시집을 내게 보내줘야지. 그냥 쓰시면 안 돼요?

(1) 바쁜 시는 없다

강지원 시인에게는 이렇게 세상이 다 쉽다. 그러나 그 쉬움은 처음이면서 마지막인 체험의 소산인지도 모른다. 어렵게 바둥댄다고 시간과 일이 잘 풀리는 것은 아니니까. 그래도 자식도 많고 손자도 많은 "여자의 일생"에 일이 없을 수가 있으랴. 바쁘고 고된 생활에 짬을 내서 시를 쓴단다.

> 행동은 또 다른 언어이다
> 떠올랐다 사라지는 스쳐가는 말들
> 또 행동으로 옮긴다
> 또 마음을 움직이게 한다
> 발자국만 남기고 떠나는 말들, 소문들
> 칭찬의 말은 고래도 춤추게 한다
> 언어폭행은 사람을 동굴 속으로 빠뜨린다
> 때로는 속상한 말에 묻어만 두고
> 삭히지도 못하고 끙끙댄다
> 행동 대신 글을 쓰는 것은 잠깐 쉬어가기 위한 것

내 속마음을 들여다본다
때로는 행동을 쉬면 나의 시詩도 나온다

"행동 대신 글을 쓰는 것은 잠깐 쉬어가기 위한 것"이란다. "때로는 행동을 쉬면 나의 시도 나온다"고 술회한다. 언뜻 보면 이런 말은 글쟁이나 시인을 모독하는 말처럼 들린다. 이제 겨우 선진국의 대열에 낀 우리나라에서는 "빨리 빨리"가 유일한 미덕이기 때문이다. 외국 식당에 가도 우리나라 사람들을 보면 종업원이 일부러 아는 척하면서, "빨리 빨리" 하고 웃는다. 우리나라 사람이 얼마나 "빨리 빨리"를 외쳤으면 저 사람들이 우리가 좋아하는 우리말이라고 저럴까? 세계에서 위암이 제일 많은 나라가 우리나라라는 말이 떠오른다.

돈끼호테 서문은 "한가하신 독자여Desocupado lector"라는 말로 시작한다. 요즘 들으면 무슨 실업자 비아냥거리는 소리처럼 들린다. 그러나 원래의 말뜻은 "한량이신 독자여"라는 말처럼 높임말이다. 우리의 "한량閑

良"이란 말처럼 관직은 없지만 양반이라는 뜻이다. 동서에서 옛날은 일하는 "일꾼"이나 노동자를 높이 보지는 않았다. 양반은 원래 손에 흙 안 묻히고 글이나 읽는 선비이다. 전통춤에 "한량 춤"이 멋있듯이 글 쓰고 예술하며 한가하게 삶을 즐기고 사는 것이 높은 삶이라는 것. 요즘 "슬로우 푸드Slow food"처럼 천천히 요리하고 먹고 자연식을 즐기듯이 우리도 삶의 예술을 다시 일깨울 때가 된 것은 아닐까?

강지원 시인의 삶에는 잠이 보약이다.

머리속에는 거미줄이 많다
거미줄이 서서히 사라지면 마음이 고요해질까
마음이 하늘 되면 산책하듯 잠을 잘 수 있을까

불교의 명상이 눈 뜬 잠들기이다. 거미줄 같은 복잡한 일상의 번거로움이나 번뇌에서 강 시인은 벗어나고 싶다. 그래서 "마음이 하늘 되면 산책하듯 잠을 잘 수 있을까"라고 꿈꾼다. 이런 소망은 그 흔한 불면증에서도 느낀다. 그러나 강 시인의 시는 장자의 소요유逍遙遊처럼 하늘 속 산책을 꿈꾼다.

(2) 가을보다 거울보다 먼저 웃지

내려온 앞머리 쓸어 올리다 맞닿은 거울 앞
무심코 반사되는 옆모습은 마네킹
멋쩍어 셀프로 먼저 입꼬리 올려주니 그제야 웃는다
반사되는 거울보다 가을보다 먼저 웃자

시집의 제목이 된 "거울은 먼저 웃지 않는다"는 생존과 존재의 냉혹함이다. 그래서 살아가는 이유는 "가을보다 거울보다 먼저 웃자"이다. 참 멋진 절구이다. 어느새 "가을"이 온 나이이다. 얼굴은 "마네킹"처럼 동안이지만 어쩔 수 없는 나이의 침공! 손자는 좋지만 할머니는 싫다. 억거지로라도 더 웃자. 더 웃고 더 젊어지자. 가을 나이라는 현실을 누르고 입꼬리 올리고 거울보다 먼저 웃자.

나이 이야기가 나왔으니까 말인데, 가도 가도 남은 해와 옛날 큰 소나무 아래의 "큰 시계"가 그립다.

시계추 그네 타는 집 그립다
큰 시계 그립다
소나무는 늘 그 자리에 지키고 있는 줄 알았다
그 큰 소나무 밑 내가 그립다
시계는 고장난다

요즘 나이 들어 보니, 그 옛날 그 시계는 "고장이 난" 모양이다. 요즘은 시간과 세월이 너무 빨리 간다. 요즘은 어린 시절 아무나 만나 재미있게 놀던 삶이 아니다. 자꾸만 "거미줄"이 끼고 칙칙해진다.

만남은 안개처럼 몽글몽글
하늘에 떠 있는 캔버스의 그림들
고개 젖히고 물감 풀어 색칠하자
순간순간 무지개를 만들자
그러나 끝은 흐리게

인생은 안개가 절반이니까

이렇게 강 시인은 늘 웃는 얼굴로 돌아간다. "거울보다 먼저 웃는 얼굴!" 실제로 현대사회는 먼지와 더위와 자연재해가 많다.

과학의 진화로 만든 AI
지구가 3도만 높아도 이상기후를 만든다고
얼음도 더 찾고 에어컨도 손이 더 가고
변덕스럽게 사는 습관은 AI도 감당이 안 되는

자연재해 무섭고 무심하다
흘러만 가는 물
강가 떠 있는 연꽃

현실은 어둡다. 나이는 늙어가고 자연은 재해이다. 이제야 불교가 현실을 "고통의 바다苦海"라고 한 이유를 알 것 같다. 일상이 힘들면 절을 찾는 내가 있다. 인생은 흘러만 가고, "흘러만 가는 물 / 강가 떠 있는 연꽃"을 보기 위해서이다. 이따금 산을 찾는 것도 "땀을 식히고 새로운 공기를" 맛보기 위함이다.

> 오르락내리락하더니 계단도 많다
> 아차산 정상은 등 굽은 소나무가 최고
> 탁 트인 산 아래
> 서울의 사방이 다 보인다고 설명 듣는다
> 잠깐이나마 땀을 식히며 쉬면서
> 어제가 작년이었다고
> 오늘 새로운 공기를 새삼스레 맛본다

강지원 시인은 쉴 줄을 아는 현대인이다. 말하자면 시인다운 시인이다. 사람이 나무에 기대면 쉰다. 그것이 쉴 "휴休" 자이다. 시인이 산을 찾고 숲을 찾는 것은 잊고 살던 나무에게서 쉼과 시를 배우기 위해서이다. 그녀는 "아차산 정상은 등 굽은 소나무가 최고"인 것을 안다. 장자는 "등 굽은 나무가 마을을 지킨다"고 했던가? 도회는 쓸모 있는 것, 비싼 것만 찾지만 산은 "등 굽은 소나무"를 모실 줄 안다. 산과 시인은 쓸데없는 쓸모없는 아름다움을 모시니까.

수면도 수평선도 산책하듯
사푼이 잠들고
사푼이 일어나기를
눈꺼풀에 걸린 해가
조용히 나를 깨우기를

사실 강지원 시인이 쉬고 시를 배우는 것은 삶의 지혜를 갈고 닦기 위해서이다. 위 시에는 노자의 "도법자연道法自然"의 향기가 배어 있다. "ㅅ" 소리의 반복이 유달리 속삭임의 속살처럼 향기롭게 느껴진다.

"수면도 수평선도 산책하듯 / 사푼이 잠들고 / 사푼이 일어나기를" 이런 시 표현은 강지원 시인의 시어 감각이 뛰어남을 말해주고 남는다.

(3) 자연에서 삶의 지혜를 배운다

새롭게 태어나는 재활용품 분리수거한다
어떤 인연으로 환생할지 모르지만
지구에게 잘 태어나길 바랄 뿐이다
삐뚤빼뚤한 것들 모두모두 재활용된다
동글동글 반짝반짝한 것도

잘 쉬면 모두 좋아 보인다. 강 시인의 눈에는 모두 시다. "삐뚤빼뚤한 것들 모두모두 재활용된다 / 동글동글 반짝반짝한 것도"라고 말한다. 시로 환생하고 현실로 재활용되는 만물은 버릴 게 없다. 비바람이 모두 정화시켜 주니까. 산다는 것은 자연에서 와서 자연으로 돌아가는 길. 그래서 어른이 돌아가시면 "돌아가셨다"고 하지 않는가? 세계 어느 나라 말에도 "죽었다"를 "돌아갔다"로 표현하는 민족은 없다. 예로부터 중국에서 "백두산족(우리 민족)은 사시사철 시절이 좋아 죽지 않고 사는 민족"이라고 한 것도 바로 이런 신선사상을 뿌리로 사는 민족이 우리였음을 말해준다.

눈물로
머물렀던 흔적 지운다
속옷도 지운다
바람 타고 파르르 파르르 휘날리더니
봄비는 빗방울에게 흘려보낸다
위안 주고 가는 바람에게 전한다
또 와
비

그렇다. 나무나 자연은 우리에게 쉼터와 위안을 준다. 인생의 고통을 지워준다. 눈물도 닦아준다. 가끔 비가 오는 것은 이런 하늘의 마음을 손수 전해주기 위함이다.

바람 부는 대로 흔든다
길을 잃는다
다시 찾아가는 길은
외로운 동굴 헛헛한 마음
스며드는 바람 소리 숨는다

버팀목으로 지키는 골목길
골목길에는 무엇이든 돌아가는 길이 있다
멀리서 봄이 오는 소리 들린다

길에서 길을 묻는가? 선사의 나무람 소리가 들린다. 길을 잃는다. 그러나 걱정할 것 없다. 어차피 길 위에 있다. 가다 보면 돌아가는 길이 있다. 그래서 골목길은 늘 버팀목으로 지키는 골목길이다.

인생은 살다 보면 어른이 되고 어머니가 되고 할머니가 된다. 모든 자연스러움이고 자연이다. 자연처럼 자라가고 꽃피고 열매 맺는다. 하나도 어려울 것 없다. 아무것도 안 해도 하늘이 베푼 선물로 가득한 봄 동산이다.

아가들의 웃음 소리! 기쁘고 고맙다
조카도 나의 아들도 고맙다
손주들 재롱은 더 웃을 수 있다
내게 붙인 할머니 이름 조금씩 친근해져 간다

좋다 좋아
부디 잘 자라만 다오

요즘 재롱잔치 공연에 주말마다
방 안 방청석은 만원
할머니 나 잘해?
잘해 아주 잘해
박수 소리에 현서는 성장해간다
유치원 생활은 감기를 달고 산다
웬만하면 약봉지랑 함께 간다
코로나 시대 현서의 탄생은
웃고 울고 눈 오고 비 오는
하늘이 베푼 선물
우리 집은 늘 꽃과 웃음 가득한 봄이다

  머리는 늘 거미줄로 가득하지만 가슴은 늘 봄 동산이다. 어머니와 할머니, 시인은 가슴으로 산다. 어찌 늘 행복하기만 하랴. 유치원 생활은 감기를 달고 산다 / 웬만하면 약봉지랑 함께 간다 / 코로나 시대 현서의 탄생은 웃고 울고 눈 오고 비 오는" 날들이 연속이다. 그러나 귀여운 아이들을 보는 어머니 할머니는 그 근심과 걱정까지 "하늘이 베푼 선물"이란다.

고대 희랍에서는 쉬고 노는 곳을 "숄레schol'e"라고 했다. 이것이 오늘날 "학교school"의 어원이다. 원래 공부란 쉬고 노는 것, 시 공부는 쉬고 노는 공부이다. 강지원 시인은 누구보다 이것을 잘 안다. 시를 인간 감정의 조화를 배우는 모델로 추천한 공자도 공부는 "배워서 때때로 익히니 즐겁고", "멀리서 스스로 찾아온 동무들과 함께 노니 재미있는 것"이라고 했다. 산새들이 일하는 것 보았는가? 자연처럼 놀고 노래하고 웃고 배우는 것이 진짜 공부이다.

강지원 시인이 시를 "쉬어가기, 쉼표"로 이해한 것은 시가 쉬어가며 천천히 즐기는 진정한 인생 공부임을 깨닫는 일임을 알아서이다. 무엇보다 이렇게 말하는 강 시인의 진솔성과 겸손함은 그녀의 시를 지탱하는 참 목소리이다. 시를 벼슬하듯 어렵고 점잖은 것으로 이해해서는 안 된다. 그것은 시 공부의 핵심을 놓치는 일이기 때문이다.

시 공부는 점잖은 위선이나 엄청난 기술이어서는 안 된다. 무엇보다 마음에서 우러나오는 삶의 느낌과 목소리가 시의 소리이다. 때로 그것은 새의 노래처럼 아이들의 깔깔거림처럼, 그리고 그것을 이쁨으로 받아들이는 엄마의 마음처럼 자연스러워야 한다. W. 워드워스W. Wordsworth가 "시는 강력한 느낌의 자연스러운 넘쳐흐름"이라고 한 것도 바로 이런 시법을 일컫는 말이다.